Impressum
Verlag: BABADADA GmbH, Nedderfeld 112 , 22529 Hamburg
Geschäftsführer / Verlagsleitung: Harald Hof
Druck: Books on Demand GmbH, In de Tarpen 42, 22848 Norderstedt

Imprint
Publisher: BABADADA GmbH, Nedderfeld 112 , 22529 Hamburg, Germany
Managing Director / Publishing direction: Harald Hof
Print: Books on Demand GmbH, In de Tarpen 42, 22848 Norderstedt, Germany

школа

ysgol

классная комната
ystafell ddosbarth

делить
rhannu

186/2

доска
bwrdd

школьный двор
iard ysgol

учитель
athro

бумага
papur

писать
ysgrifennu

ручка
pen

письменный стол
desg

линейка
pren mesur

книга
llyfr

ученик
disgybl

ранец

bag ysgol

пенал

blwch penseli

карандаш

pensil

точилка

peth rhoi min ar bensil

ластик

rwber

альбом для рисования

pad arlunio

рисунок

llun

кисточка

brws paent

коробка красок

blwch paent

ножницы

siswrn

клей

glud

тетрадь

llyfr ysgrifennu

домашняя работа

gwaith cartref

цифра

rhif

2+2

прибавлять

ychwanegu

5-2

вычитать

tynnu

умножать

lluosi

считать

cyfrifo

A

буква

llythyren

алфавит

gwyddor

слово

gair

текст

testun

читать

darllen

мел

sialc

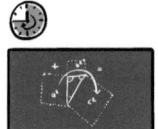

урок

gwers

классный журнал

cofrestr

экзамен

arholiad

диплом

tystysgrif

школьная форма

gwisg ysgol

образование

addysg

энциклопедия

gwyddoniadur

университет

prifysgol

микроскоп

microsgop

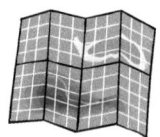

карта

map

корзина для бумаг

basged papur gwastraff

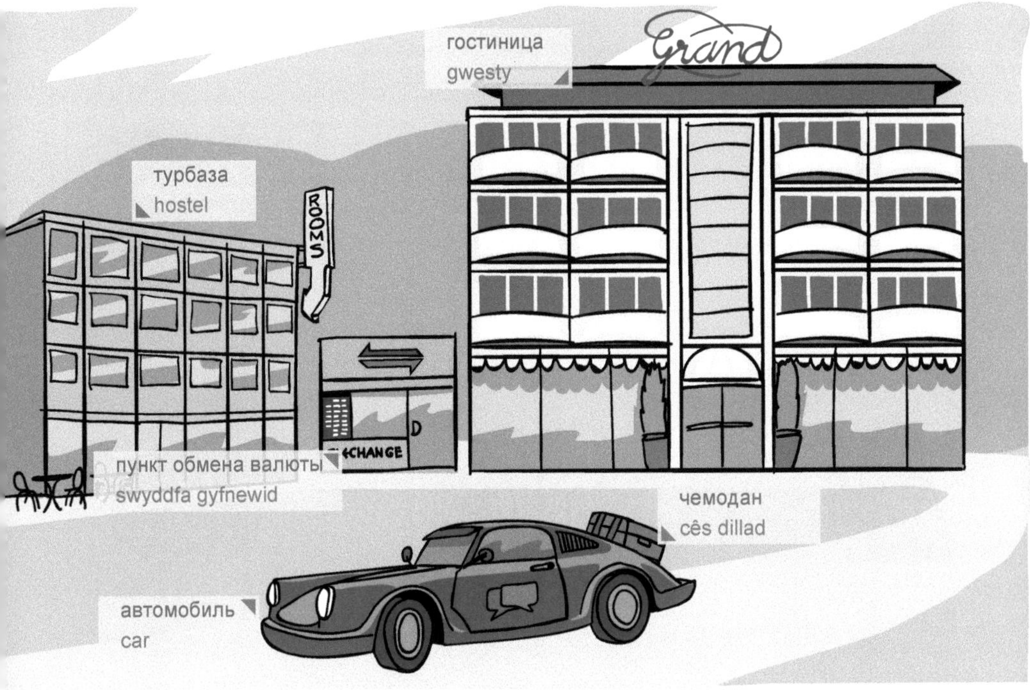

Grand
гостиница
gwesty
турбаза
hostel
ROOMS
пункт обмена валюты
swyddfa gyfnewid
чемодан
cês dillad
автомобиль
car

язык
iaith

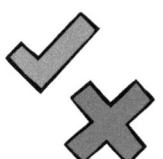

да / нет
ie / na

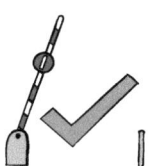

хорошо
iawn

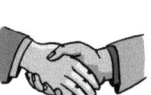

Привет
helo

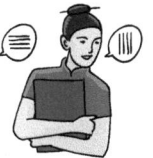

переводчик
cyfieithydd

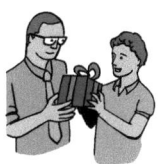

Спасибо
Diolch yn fawr

Сколько стоит...?

faint yw ...?

Я не понимаю

Dw i ddim yn deall

проблема

problem

Добрый вечер!

Noswaith dda!

Доброе утро!

Bore da!

Доброй ночи!

Nos da!

До свидания

hwyl

направление

cyfarwyddyd

багаж

bagiau

сумка

bag

рюкзак

gwarbac

гость

gwestai

комната

ystafell

спальный мешок

sach gysgu

палатка

pabell

туристическая
информация
gwybodaeth i ymwelwyr

пляж

traeth

кредитная карточка

cerdyn credyd

завтрак

brecwast

обед

cinio

ужин

swper

билет

tocyn

лифт

lifft

почтовая марка

stamp

граница

ffin

таможня

tollau

посольство

llysgenhadaeth

виза

fisa

паспорт

pasbort

транспорт
cludiant

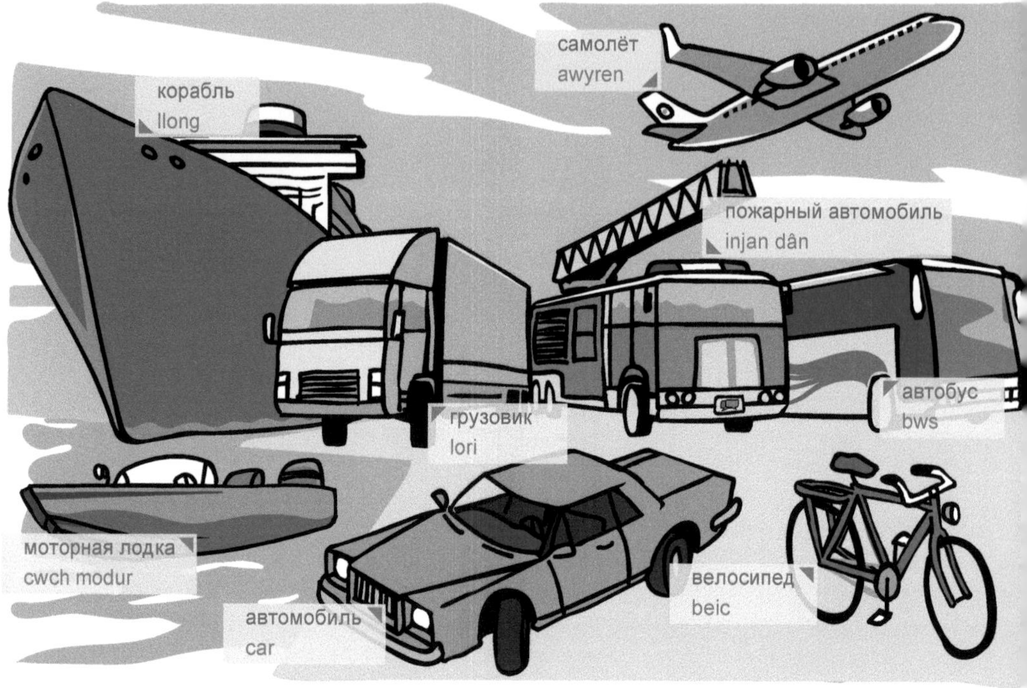
самолёт
awyren
корабль
llong
пожарный автомобиль
injan dân
автобус
bws
грузовик
lori
моторная лодка
cwch modur
велосипед
beic
автомобиль
car

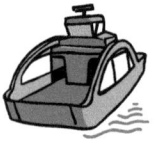

паром
fferi

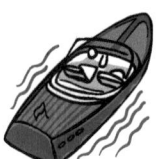

лодка
cwch

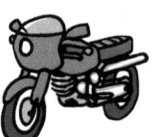

мотоцикл
beic modur

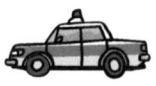

полицейский автомобиль
car yr heddlu

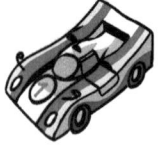

гоночный автомобиль
car rasio

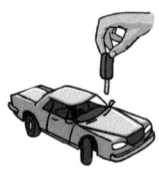

арендованный автомобиль
car wedi'i rentu

совместное пользование
автомобилями

rhannu car

буксировочный
автомобиль
lori tynnu

мусоровоз

lori ysbwriel

двигатель

modur

топливо

tanwydd

заправка

gorsaf betrol

дорожный знак

arwydd traffig

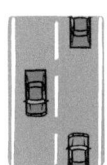

движение

traffig

пробка

tagfa draffig

автостоянка

maes parcio

вокзал

gorsaf drennau

рельсы

traciau

поезд

trên

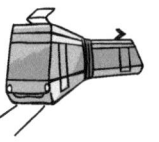

трамвай

tram

вагон

wagen

вертолёт

hofrennydd

аэропорт

maes awyr

вышка

tŵr

пассажир

teithiwr

контейнер

cynhwysydd

коробка

paced

тележка

cert

корзина

basged

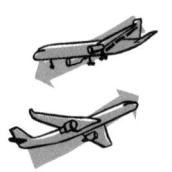

взлетать / приземляться

esgyn / glanio

город

dinas

деревня

pentref

центр города

canol y ddinas

дом

tŷ

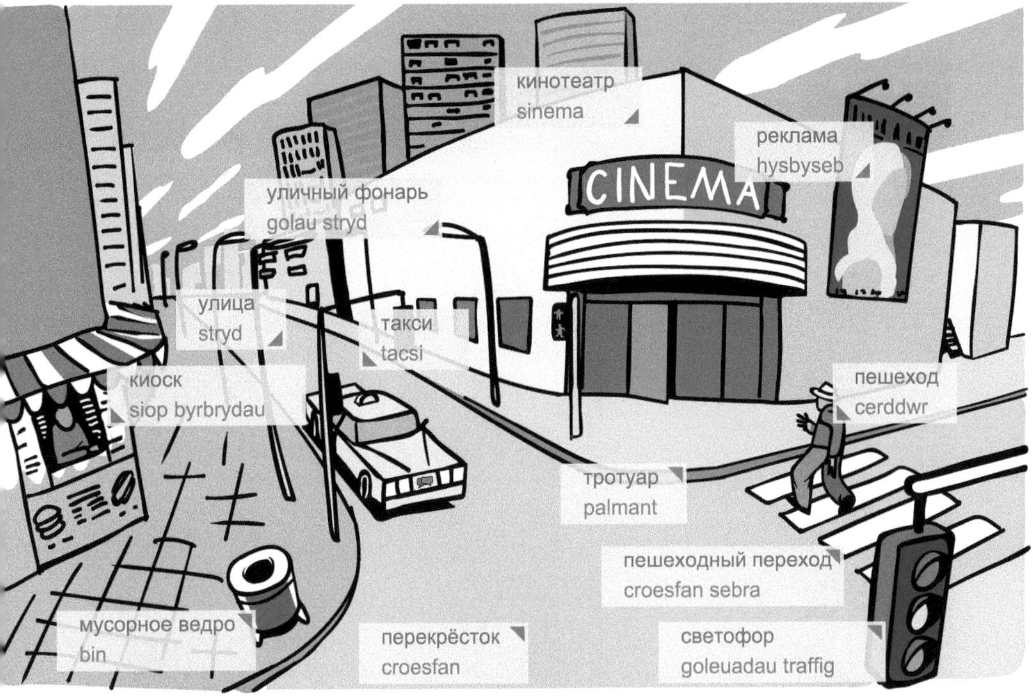

кинотеатр
sinema
CINEMA
реклама
hysbyseb
уличный фонарь
golau stryd
улица
stryd
такси
tacsi
киоск
siop byrbrydau
пешеход
cerddwr
тротуар
palmant
пешеходный переход
croesfan sebra
мусорное ведро
bin
перекрёсток
croesfan
светофор
goleuadau traffig

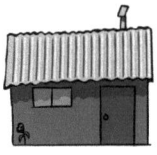

хижина

cwt

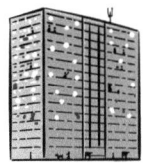

квартира

fflat

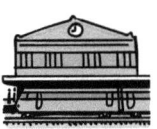

вокзал

gorsaf drennau

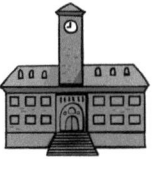

ратуша

neuadd y dref

MUSEUM

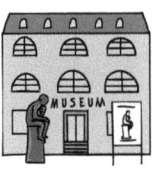

музей

amgueddfa

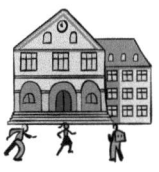

школа

ysgol

университет

prifysgol

банк

banc

больница

ysbyty

гостиница

gwesty

аптека

fferyllfa

офис

swyddfa

книжный магазин

siop lyfrau

магазин

siop

цветочный магазин

siop flodau

супермаркет

archfarchnad

рынок

farchnad

универмаг

siop adrannol

торговец рыбой

siop bysgod

торговый центр

canolfan siopa

порт

harbwr

парк
parc

скамейка
banc

мост
pont

лестница
grisiau

метро
rheilffordd danddaearol

тоннель
twnnel

автобусная остановка
safle bws

бар
bar

ресторан
bwyty

почтовый ящик
blwch post

табличка с названием
улицы
arwydd stryd

паркометр
mesurydd parcio

зоопарк
sŵ

бассейн
pwll nofio

мечеть
mosg

ферма
ffern

загрязнение окружающей среды
llygredd

кладбище
mynwent

церковь
eglwys

детская площадка
maes chwarae

храм
teml

ландшафт
tirwedd

лист
deilen

дорожный указатель
arwydd cyfeirio

дорога
ffordd

луг
dôl

камень
carreg

дерево
coeden

путешественник
heiciwr

река
afon

трава
glaswellt

цветок
blodyn

долина

cwm

гора

bryn

озеро

llyn

лес

coedwig

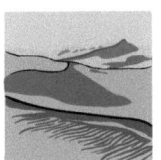

пустыня

anialwch

вулкан

llosgfynydd

замок

castell

радуга

enfys

гриб

madarchen

пальма

palmwydden

комар

mosgito

муха

pryf

муравей

morgrugyn

пчела

gwenyn

паук

pryf copyn

жук

chwilen

лягушка

llyffant

белка

gwiwer

еж

draenog

заяц

ysgyfarnog

сова

tylluan

птица

aderyn

лебедь

alarch

кабан

baedd

олень

carw

лось

elc

плотина

argae

ветряной генератор

tyrbin gwynt

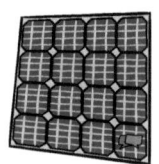

солнечная батарея

panel haul

климат

hinsawdd

ресторан
bwyty

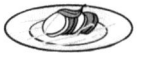

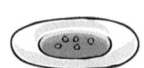

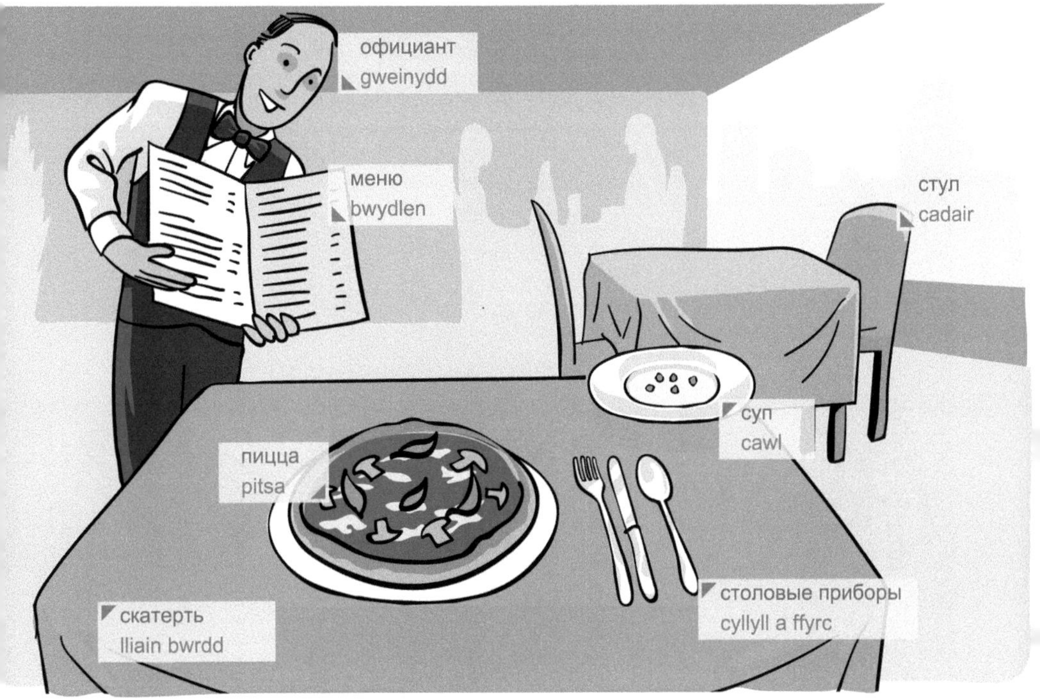

официант
gweinydd
меню
bwydlen
стул
cadair
суп
cawl
пицца
pitsa
столовые приборы
cyllyll a ffyrc
скатерть
lliain bwrdd

закуска

cwrs cyntaf

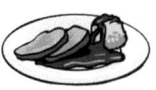

главное блюдо

prif gwrs

десерт

pwdin

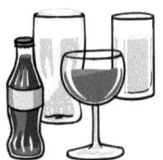

напитки

diodydd

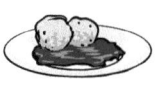

еда

bwyd

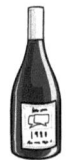

бутылка

potel

фастфуд

bwyd cyflym

уличная еда

bwyd y stryd

чайник

tebot

сахарница

powlen siwgr

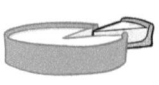

порция

dogn

кофеварка

peiriant espresso

детский стульчик

cadair plentyn

счет

bil

поднос

hambwrdd

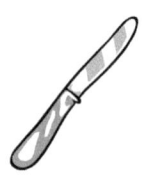

нож

cyllell

вилка

fforc

ложка

llwy

чайная ложка

llwy de

салфетка

napcyn

стакан

gwydr

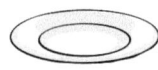

тарелка

plât

суповая тарелка

plât cawl

блюдце

soser

соус

saws

солонка

pot halen

мельница для перца

melin bupur

уксус

finegr

масло

olew

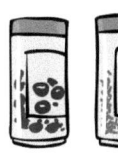

специи

sbeisys

кетчуп

saws coch

горчица

mwstard

майонез

mayonnaise

супермаркет
archfarchnad

специальное предложение
cynnig arbennig
FOR
покупатель
cwsmer
молочные продукты
cynnyrch llaeth
фрукты
ffrwythau
тележка для покупок
troli

BUTCHERS

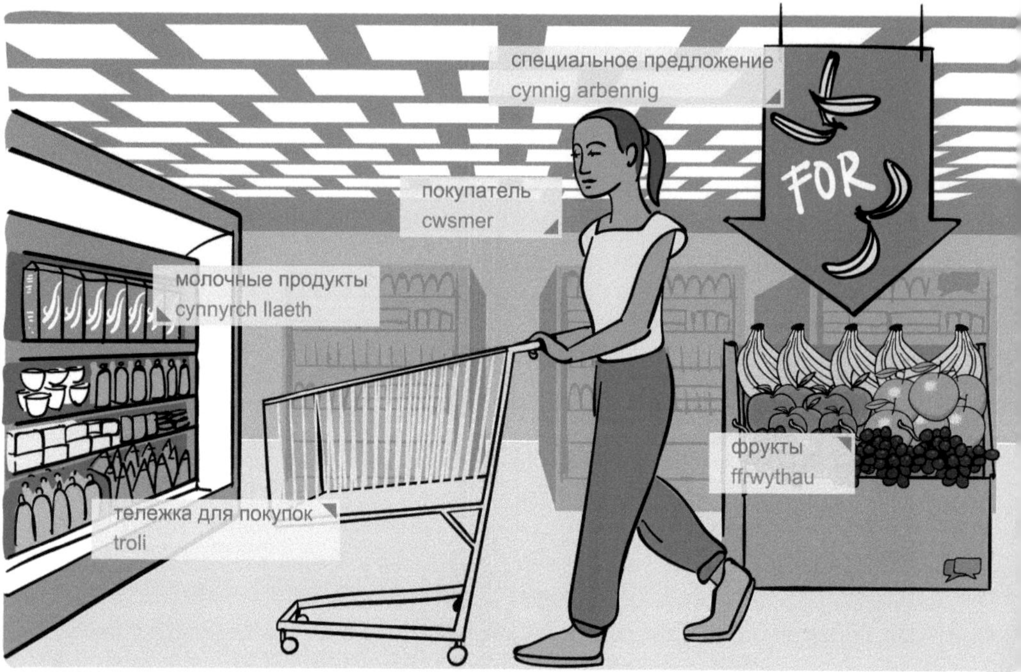

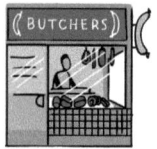

мясной магазин

siop gig

BAKERY

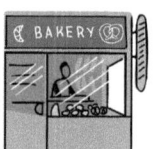

пекарня

siop fara

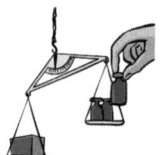

взвешивать

pwyso

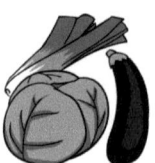

овощи

llysiau

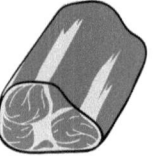

мясо

cig

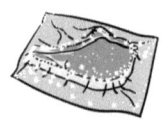

быстрозамороженные продукты

Bwyd wedi'i rewi

нарезка

cig oer

консервы

bwyd tun

стиральный порошок

powdr golchi

сладости

da-da

предмет домашнего обихода

cynnyrch cartref

моющее средство

cynhyrchion glanhau

продавщица

gwerthwraig

касса

til

кассир

ariannwr

список покупок

rhestr siopa

время работы

oriau agor

бумажник

waled

кредитная карточка

cerdyn credyd

сумка

bag

полиэтиленовый пакет

bag plastig

вода

dŵr

сок

sudd

молоко

llefrith

кока-кола

côc

вино

gwin

пиво

cwrw

алкоголь

alcohol

какао

coco

чай

te

кофе

coffi

эспрессо

espresso

капучино

cappuccino

банан

ffrwchledd

яблоко

afal

апельсин

oren

арбуз

melon

лимон

lemwn

морковь

moronen

чеснок

garlleg

бамбук

bambŵ

лук

nionyn

гриб

madarchen

орехи

cnau

лапша

nwdls

спагетти

sbageti

рис

reis

салат

salad

картофель фри

sglodion

жареный картофель

tatws wedi'u ffrïo

пицца

pitsa

гамбургер

hambyrger

сэндвич

brechdan

шницель

cytled

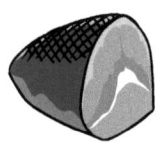

ветчина

ham

салями

salami

колбаса

selsig

курица

cyw iâr

жаркое

rhost

рыба

pysgodyn

овсяные хлопья

ceirch uwd

мюсли

miwsli

кукурузные хлопья

creision ŷd

мука

blawd

круассан

croissant

булочка

bynsen

хлеб

bara

тост

tost

печенье

bisgedi

масло

menyn

творог

ceuled

пирог

teisen

яйцо

wy

яичница

wy wedi'i ffrïo

сыр

caws

мороженое

hufen iâ

сахар

siwgr

мёд

mêl

мармелад

jam

крем с нугой

siocled taenu

карри

cyri

крестьянский дом
ffermdy

сарай
ysgubor

тюк из соломы
bwrn gwellt

поле
maes

лошадь
ceffyl

прицеп
ôl-gerbyd

жеребёнок
ebol

трактор
tractor

осёл
asyn

овца
dafad

ягнёнок
oen

коза

gafr

корова

buwch

телёнок

llo

свинья

mochyn

поросёнок

porchell

бык

tarw

гусь

gwydd

утка

hwyaden

цыплёнок

cyw

курица

iâr

петух

ceiliog

крыса

llygoden fawr

кошка

cath

мышь

llygoden

вол

ych

собака

ci

конура

cwt ci

садовый шланг

pibell ddŵr

лейка

can dŵr

коса

pladur

плуг

aradr

серп

cryman

мотыга

fforch chwynu

навозные вилы

picwarch

топор

bwyell

тачка

berfa

корыто

cafn

бидон для молока

tun llefrith

мешок

sach

забор

ffens

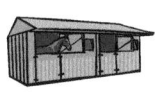

хлев

stabl

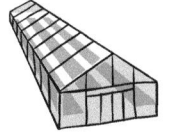

теплица

tŷ gwydr

почва

pridd

посев

hedyn

удобрение

gwrtaith

комбайн

dyrnwr medi

собирать урожай

cynaeafu

урожай

cynhaeaf

ямс

iamau

пшеница

gwenith

соя

soi

картофель

tysen

кукуруза

grawn

рапс

had rêp

фруктовое дерево

coeden ffrwythau

маниок

manioc

злаки

grawnfwydydd

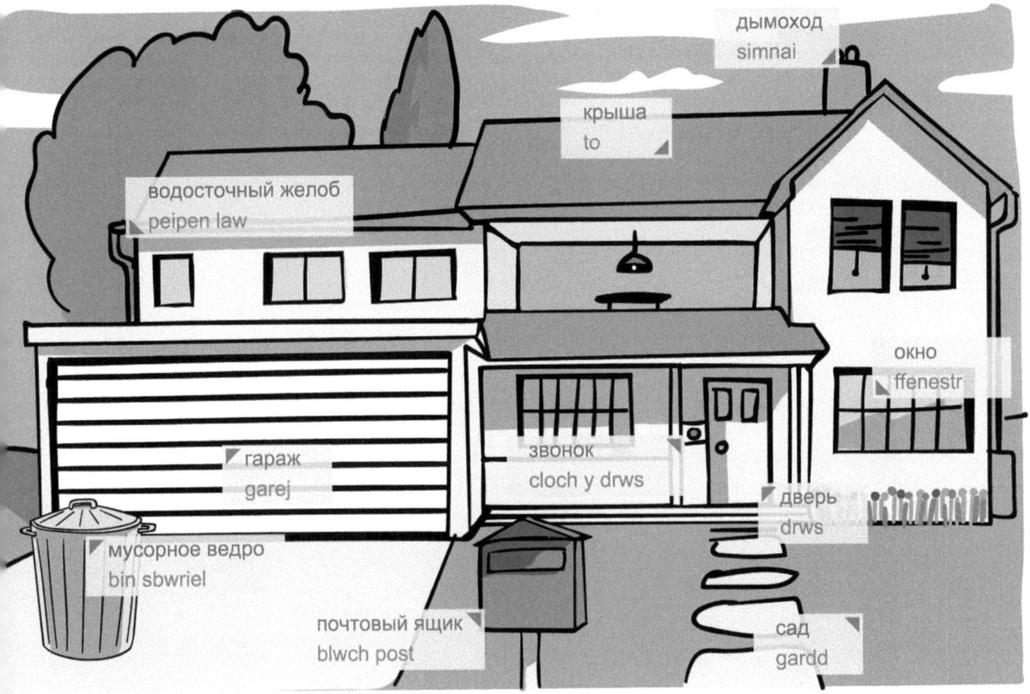

дымоход
simnai

крыша
to

водосточный жёлоб
peipen law

окно
ffenestr

гараж
garej

звонок
cloch y drws

дверь
drws

мусорное ведро
bin sbwriel

почтовый ящик
blwch post

сад
gardd

гостиная

lolfa

ванная комната

ystafell ymolchi

кухня

cegin

спальня

ystafell wely

детская комната

ystafell plentyn

столовая

ystafell fwyta

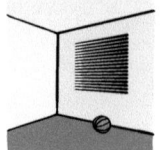

пол

llawr

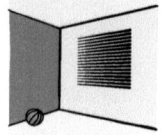

стена

wal

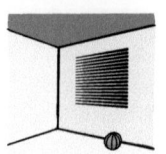

потолок

nenfwd

подвал

seler

сауна

sawna

балкон

balconi

терраса

teras

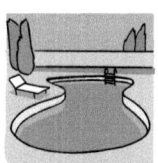

бассейн

pwll

газонокосилка

peiriant torri gwair

пододеяльник

taflen

покрывало

gorchudd gwely

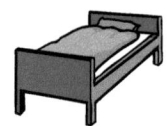

кровать

gwely

метла

ysgub

ведро

bwced

выключатель

swits

гостиная
lolfa

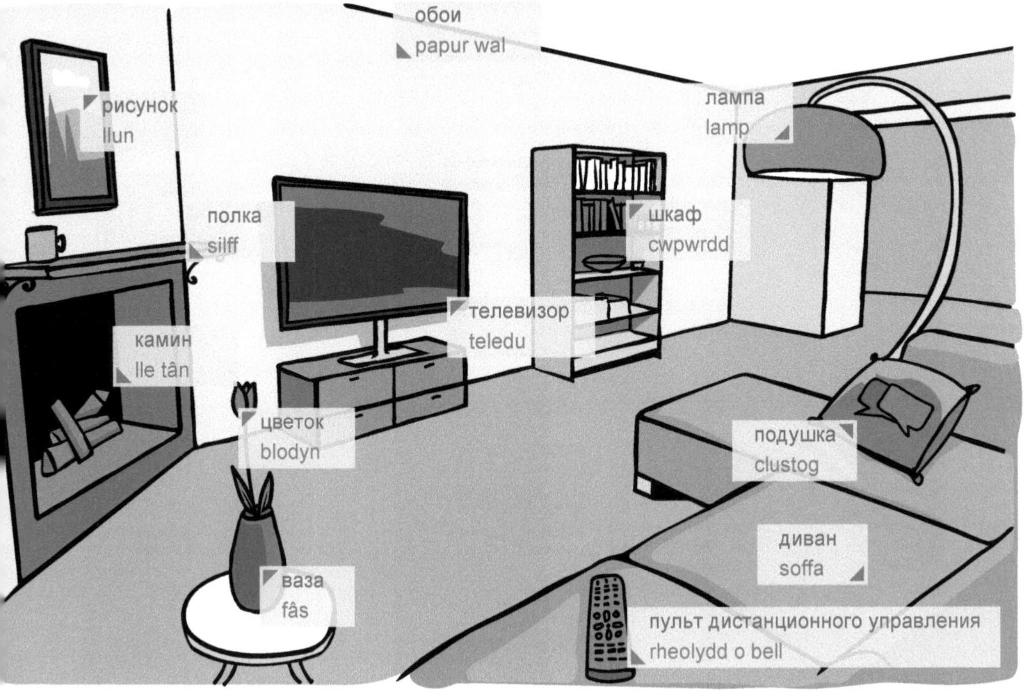
обои
papur wal
рисунок
llun
лампа
lamp
полка
silff
шкаф
cwpwrdd
телевизор
teledu
камин
lle tân
цветок
blodyn
подушка
clustog
диван
soffa
ваза
fâs
пульт дистанционного управления
rheolydd o bell

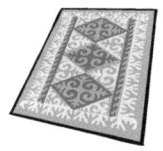

ковёр

carped

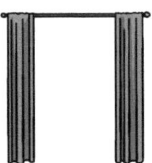

штора

llen

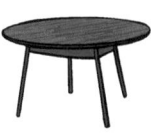

стол

bwrdd

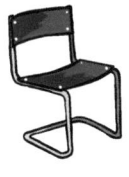

стул

cadair

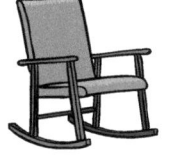

кресло-качалка

cadair siglo

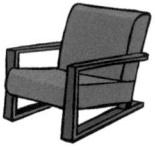

кресло

cadair freichiau

книга

llyfr

покрывало

blanced

украшение

addurn

дрова

coed tân

фильм

ffilm

стереосистема

hi-fi

ключ

agoriad

газета

papur newydd

картина

darlun

плакат

poster

радио

radio

блокнот

llyfr nodiadau

пылесос

hwfer

кактус

cactws

свеча

cannwyll

кухня
cegin

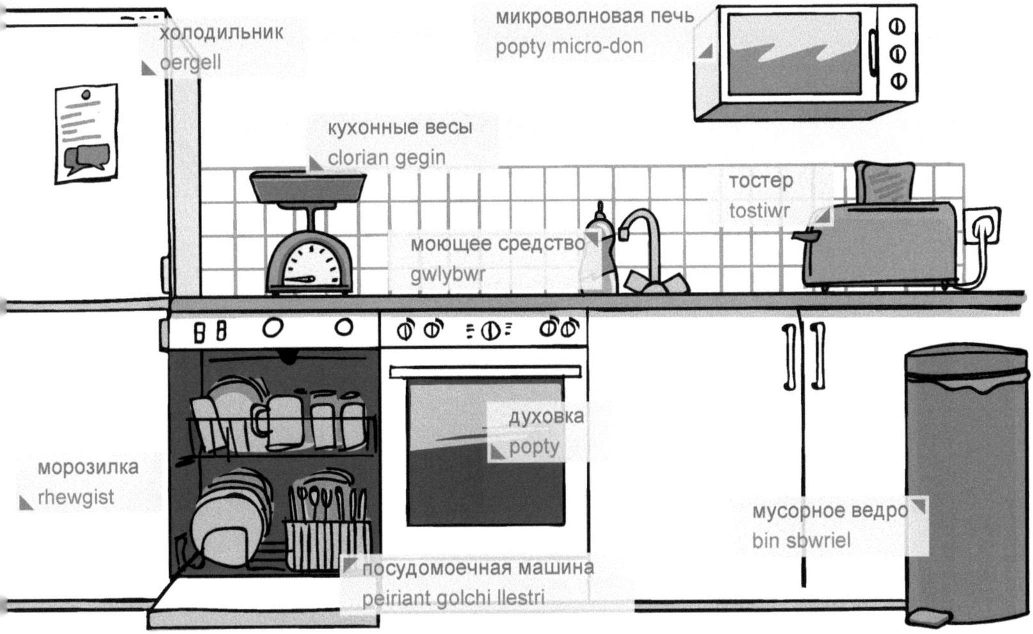

микроволновая печь
popty micro-don
холодильник
oergell
кухонные весы
clorian gegin
тостер
tostiwr
моющее средство
gwlybwr
духовка
popty
морозилка
rhewgist
мусорное ведро
bin sbwriel
посудомоечная машина
peiriant golchi llestri

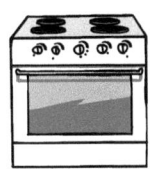

плита

popty

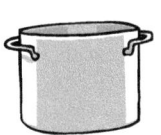

кастрюля

pot

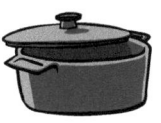

чугунный котелок

pot haearn bwrw

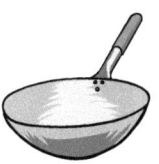

вок / кадай

wok / kadai

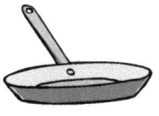

сковорода

padell

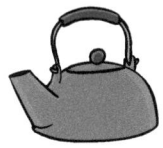

чайник

tegell

пароварка

sosban stemio

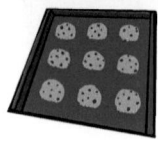

противень

hambwrdd pobi

посуда

llestri

кружка

mwg

миска

powlen

палочки для еды

gweill bwyta

половник

lletwad

лопатка

ysbodol

сбивалка

chwisg

сито

hidlydd

сито

gogr

тёрка

gratiwr

ступка

morter

гриль

barbeciw

костёр

tân agored

доска

bwrdd torri cig

скалка

rholbren

штопор

tynnwr corcyn

жестяная банка

tun

консервный нож

peth agor tuniau

прихватка

clwt pot

раковина

sinc

щетка

brws

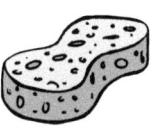

губка

sbwng

миксер

peiriant cymysgu

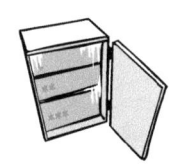

морозильная камера

rhewgell

бутылочка для кормления

potel babi

кран

tap

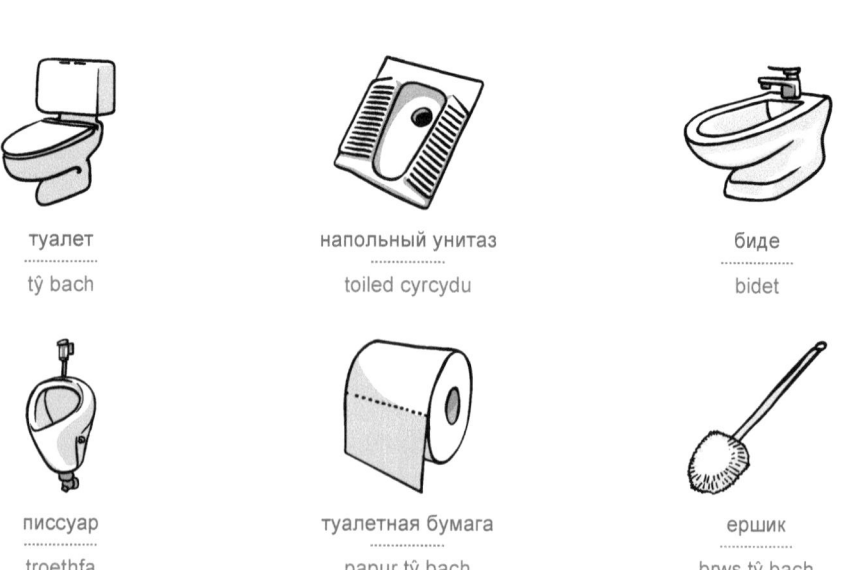

ванная комната

ystafell ymolchi

отопление
gwres
полотенце
tywel
душ
cawod
душевая занавеска
llen gawod
пенистая ванна
baddon ewyn
ванна
baddon
стакан
gwydr
стиральная машина
peiriant golchi
кран
tap
плитка
teils
горшок
potyn
раковина
sinc

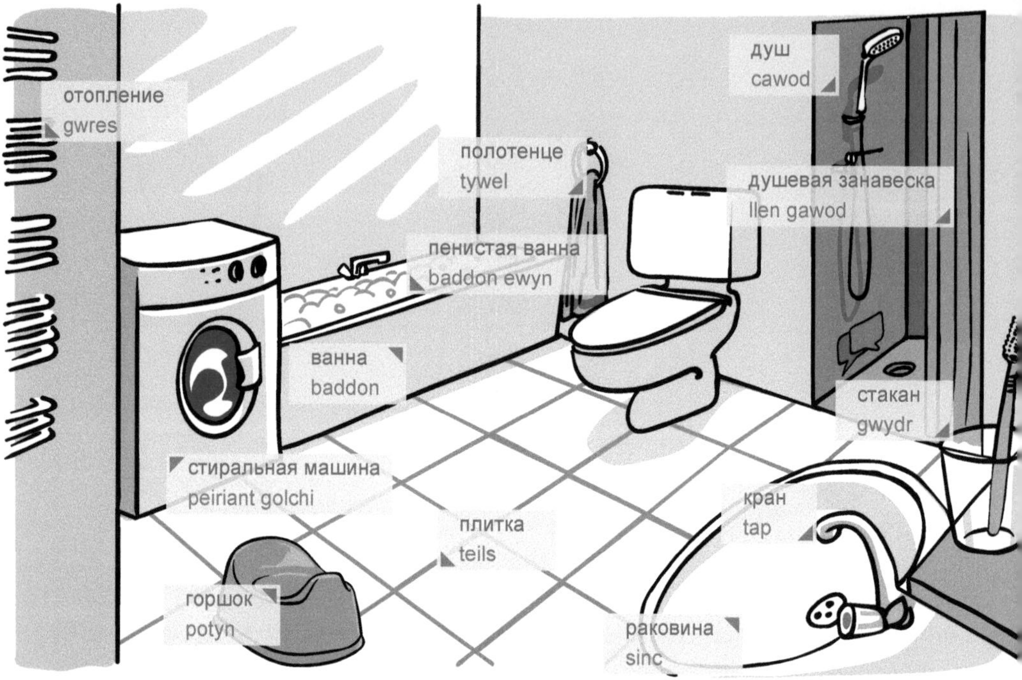

туалет

tŷ bach

напольный унитаз

toiled cyrcydu

биде

bidet

писсуар

troethfa

туалетная бумага

papur tŷ bach

ершик

brws tŷ bach

зубная щетка

brws dannedd

зубная паста

past dannedd

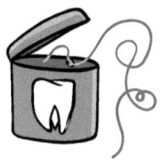

зубная нить

edau ddannedd

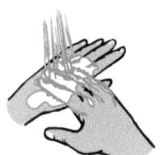

мыть

golchi

ручной душ

cawod llaw

интимный душ

golchfa

таз

basn

щетка для спины

brws-ôl

мыло

sebon

гель для душа

gel cawod

шампунь

siampŵ

мочалка

gwlanen

сток

ffos

крем

hufen

дезодорант

diaroglydd

зеркало

drych

ручное зеркало

drych llaw

бритва

rasel

пена для бритья

ewyn eillio

лосьон после бритья

sent eillio

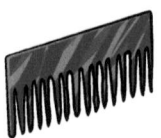

расческа

crib

щетка

brws

фен

sychwr gwallt

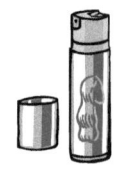

лак для волос

chwistrell gwallt

косметика

colur

губная помада

minlliw

лак для ногтей

farnais ewinedd

вата

gwlân cotwm

маникюрные ножницы

siswrn ewinedd

духи

persawr

косметичка

bag ymolchi

табуретка

stôl

весы

clorian

халат

gŵn baddon

резиновые перчатки

menig rwber

тампон

tampon

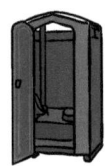

гигиеническая прокладка

tywel misglwyf

биотуалет

toiled cemegol

детская комната
ystafell plentyn

будильник
cloc larwm
мягкая игрушка
tegan anwes
игрушечный автомобиль
car tegan
погремушка
cleciwr
кукольный домик
tŷ dol
подарок
anrheg

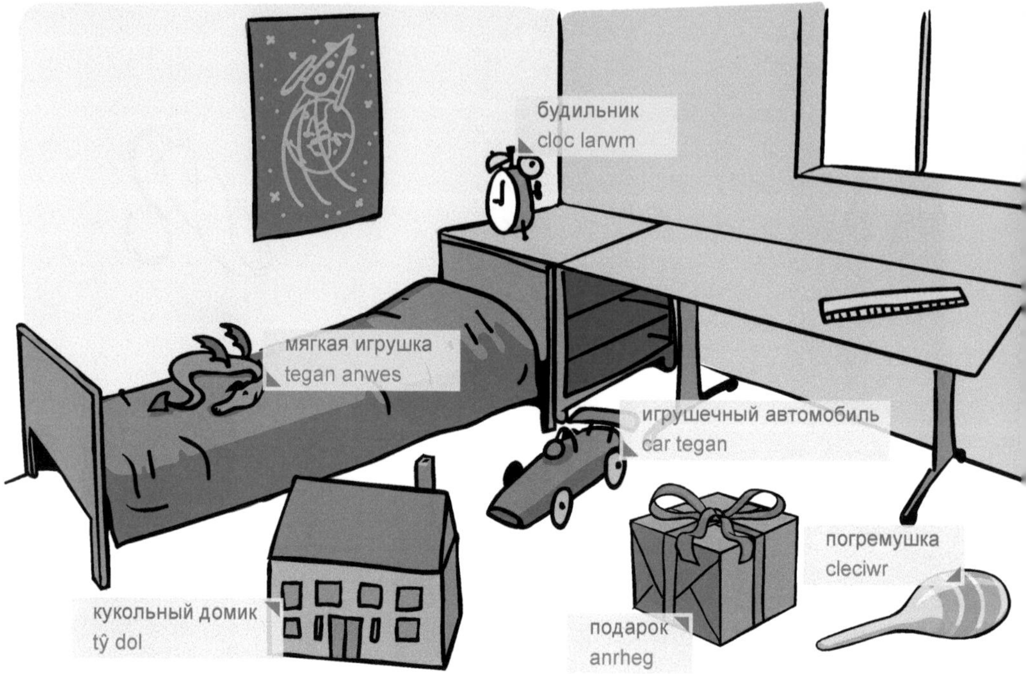

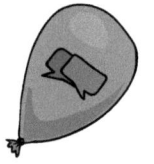

воздушный шар
balŵn

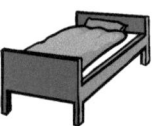

кровать
gwely

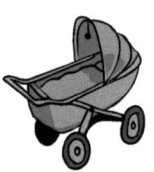

детская коляска
pram

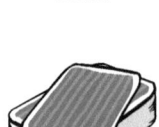

карточная игра
pecyn o gardiau

пазл
jig-so

SUPER MEGA

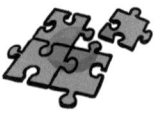

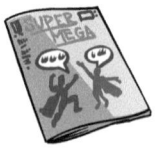

комикс
comic

кирпичики Лего

brics Lego

кубики

blociau adeiladu

игрушечная фигурка

ffigur gweithredu

ползунки

babygro

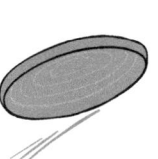

фрисби

ffrisbi

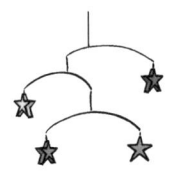

мобиле

ffôn symudol

настольная игра

gêm fwrdd

кубик

deis

модель железной дороги

set model trên

соска

teth lwgu

вечеринка

parti

книга с картинками

llyfr lluniau

мяч

pêl

кукла

dol

играть

chwarae

песочница

pwll tywod

качели

swing

игрушка

teganau

игровая приставка

consol gemau fideo

трёхколесный велосипед

beic tair olwyn

плюшевый медвежонок

tedi

шкаф для одежды

cwpwrdd dillad

одежда

dillad

носки

hosanau

чулки

hosanau

колготки

teits

шарф
sgarff

зонтик
ymbarél

футболка
crys-t

ремень
gwregys

сапоги
esgidiau

тапки
sliperi

кроссовки
esidiau ymarfer

сандалии
sandalau

ботинки
esgidiau

резиновые сапоги
esgidiau rwber

трусы
trôns

бюстгальтер
bra

майка
fest

боди
corff

брюки
trowsus

джинсы
jîns

юбка
sgert

блузка
blows

рубашка
crys

свитер
pwlofer

свитер
hwdi

спортивная куртка
blaser

жакет
siaced

пальто
côt

плащ
côt law

костюм
gwisg

платье
gŵn

свадебное платье
gwisg briodas

мужской костюм

siwt

ночная сорочка

gŵn nos

пижама

pyjamas

сари

sari

платок

sgarff pen

тюрбан

tyrban

паранджа

bwrca

кафтан

cafftan

абайя

abaya

купальник

gwisg nofio

плавки

trowsus nofio

шорты

siorts

спортивный костюм

tracwisg

фартук

ffedog

перчатки

menig

пуговица

botwm

очки

sbectol

браслет

breichled

цепочка

cadwyn

кольцо

modrwy

серьга

clustdlws

шапка

cap

вешалка

cambren

шляпа

het

галстук

tei

застежка молния

sip

шлем

helmed

подтяжки

fframiau danedd

школьная форма

gwisg ysgol

форма

gwisg

детский нагрудник

bib

соска

teth lwgu

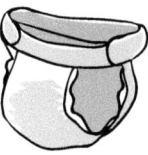

подгузник

cewyn

офис

swyddfa

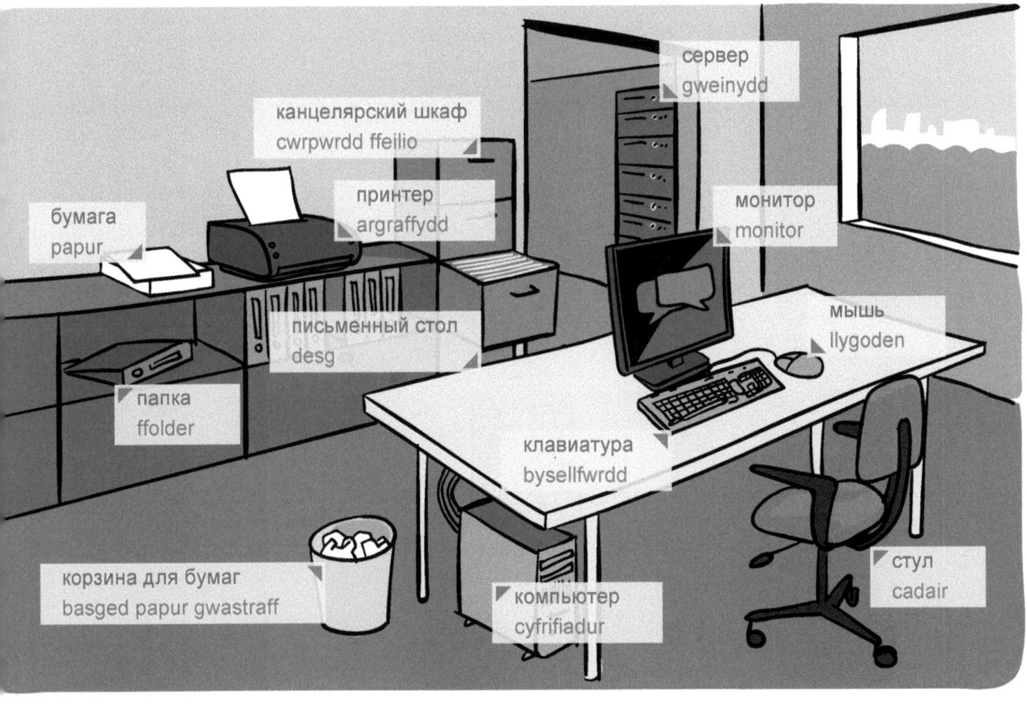

сервер
gweinydd

канцелярский шкаф
cwrpwrdd ffeilio

принтер
argraffydd

монитор
monitor

бумага
papur

письменный стол
desg

мышь
llygoden

папка
ffolder

клавиатура
bysellfwrdd

корзина для бумаг
basged papur gwastraff

компьютер
cyfrifiadur

стул
cadair

кофейная кружка

mwg coffi

калькулятор

cyfrifiannell

интернет

rhyngrwyd

ноутбук

gliniadur

письмо

llythyr

сообщение

neges

мобильный телефон

ffôn symudol

сеть

rhwydwaith

ксерокс

llungopïwr

программа

meddalwedd

телефон

teleffon

розетка

soced plwg

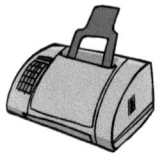

факс

peiriant ffacs

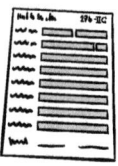

формуляр

ffurflen

документ

dogfen

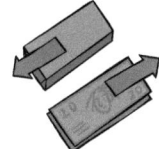

покупать

prynu

платить

talu

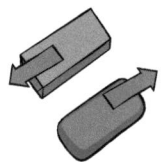

торговать

masnachu

деньги

arian

доллар

doler

евро

ewro

иена

yen

рубль

rwbl

франк

ffranc y Swistir

жэньминьби юань

yuan renminbi

рупия

rwpi

банкомат

peiriant arian

пункт обмена валюты

swyddfa gyfnewid

золото

aur

серебро

arian

нефть

olew

энергия

ynni

цена

pris

договор

contract

налог

treth

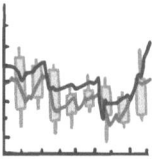

акция

stoc

работать

gweithio

служащий

cyflogai

работодатель

cyflogwr

фабрика

ffatri

магазин

siop

профессии

swyddi

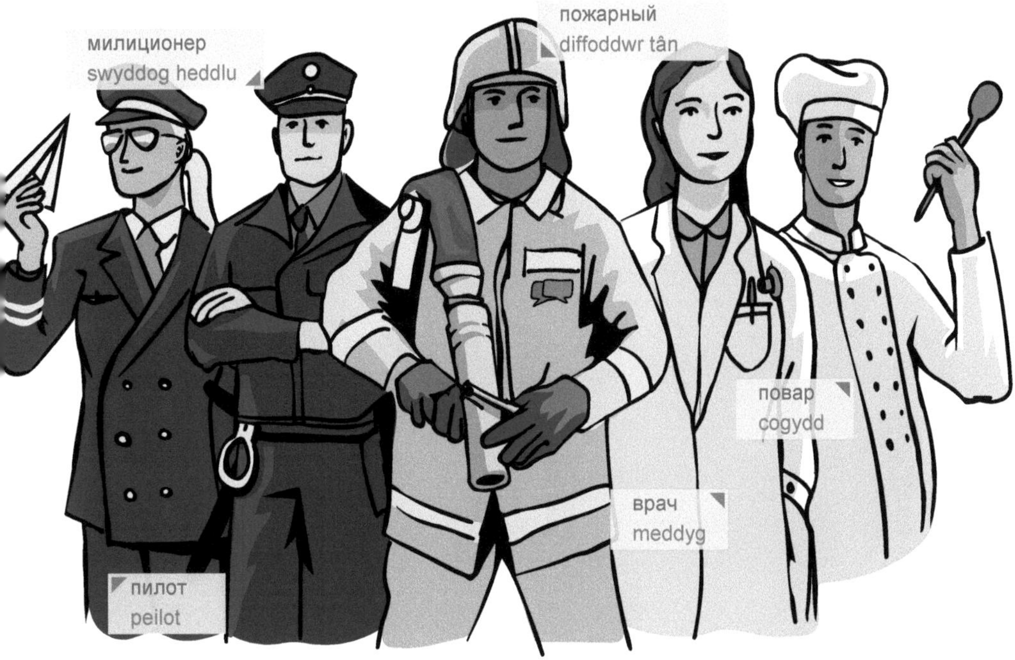
милиционер
swyddog heddlu
пожарный
diffoddwr tân
повар
cogydd
врач
meddyg
пилот
peilot

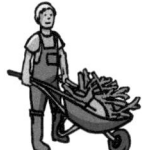

садовник

garddwr

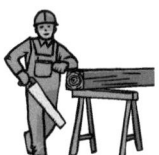

столяр

saer

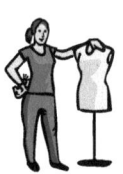

швея

gwniadwraig

судья

barnwr

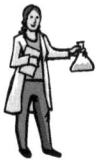

химик

fferyllydd

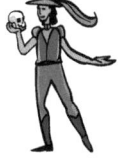

актёр

actor

водитель автобуса

gyrrwr bws

таксист

gyrrwr tacsi

рыбак

pysgotwr

уборщица

glanhawraig

кровельщик

töwr

официант

gweinydd

охотник

heliwr

художник

paentiwr

пекарь

pobydd

электрик

trydanwr

строитель

adeiladwr

инженер

peiriannydd

мясник

cigydd

сантехник

plymiwr

почтальон

dyn y post

солдат

milwr

архитектор

pensaer

кассир

ariannwr

флорист

gwerthwr blodau

парикмахер

triniwr gwallt

кондуктор

archwiliwr tocynnau
rheilffordd

механик

mecanydd

капитан

capten

зубной врач

deintydd

ученый

gwyddonydd

раввин

rabi

имам

imam

монах

mynach

священник

clerigwr

инструменты
offer

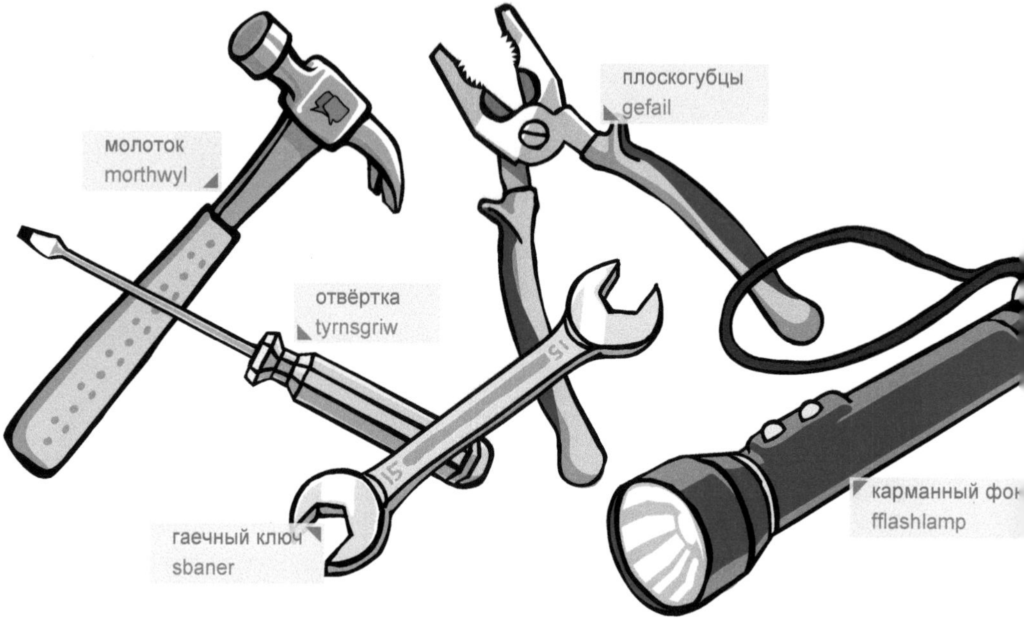
молоток
morthwyl
плоскогубцы
gefail
отвёртка
tyrnsgriw
гаечный ключ
sbaner
карманный фон
fflashlamp

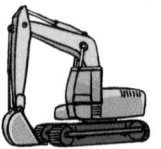

экскаватор

turiwr

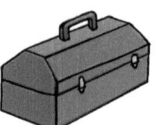

ящик для инструментов

blwch offer

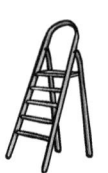

стремянка

ysgol

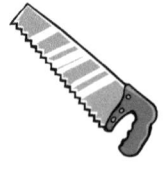

пила

llif

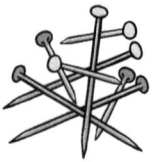

гвозди

hoelion

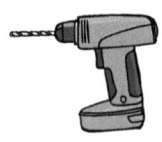

дрель

dril

ремонтировать

trwsio

лопата

rhaw

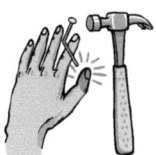

Блин!

Daria!

совок

rhaw lwch

ведро с краской

pot paent

винты

sgriwiau

музыкальные инструменты
offerynnau cerdd

громкоговоритель
uchelseinydd

ударный инструмент
set drymiau

гитара
gitâr

контрабас
bas dwbl

труба
trwmped

пианино

piano

скрипка

ffidil

бас-гитара

bas

литавры

timpani

барабан

drymiau

синтезатор

cyweirfwrdd

саксофон

sacsoffon

флейта

ffliwt

микрофон

meicroffon

зоопарк

sŵ

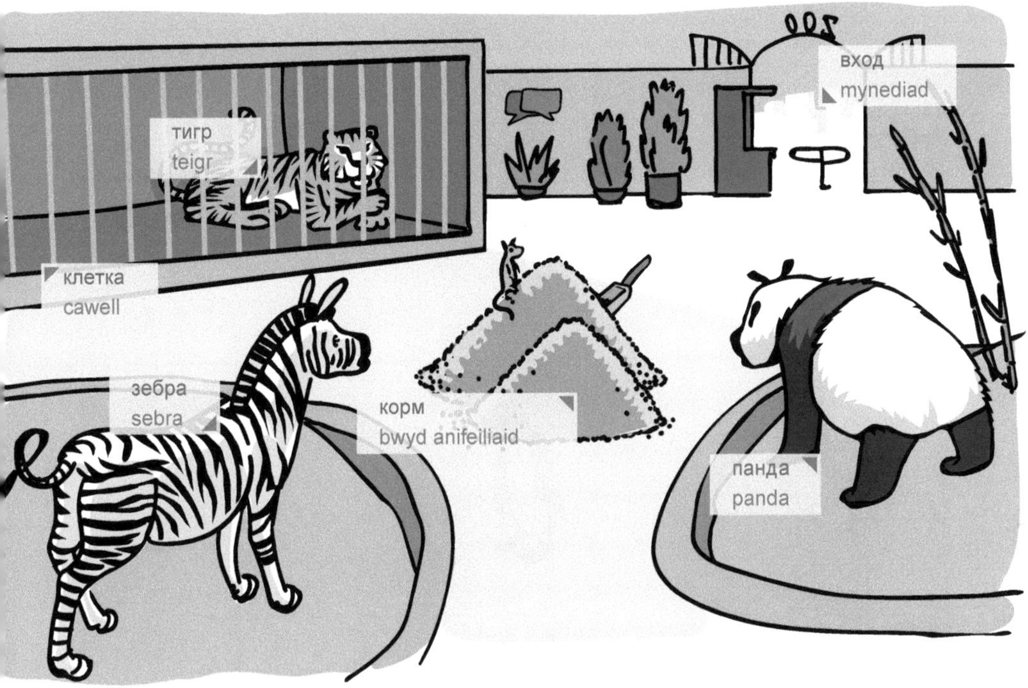
тигр
teigr
вход
mynediad
клетка
cawell
зебра
sebra
корм
bwyd anifeiliaid
панда
panda

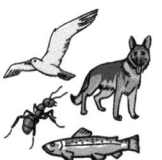

животные

anifeiliaid

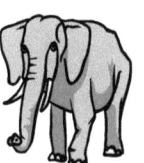

слон

eliffant

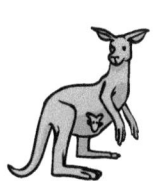

кенгуру

cangarŵ

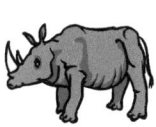

носорог

rhinoseros

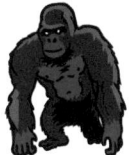

горилла

gorila

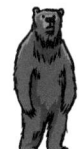

медведь

arth

верблюд

camel

страус

estrys

лев

llew

обезьяна

mwnci

фламинго

fflamingo

попугай

parot

белый медведь

arth wen

пингвин

pengwin

акула

siarc

павлин

paun

змея

neidr

крокодил

crocodeil

служитель зоопарка

gofalwr sŵ

тюлень

morlo

ягуар

jagwar

пони

merlyn

леопард

llewpard

бегемот

hipo

жираф

jiráff

орёл

eryr

кабан

baedd

рыба

pysgodyn

черепаха

crwban

морж

walrws

лиса

llwynog

газель

gafrewig

американский футбол
pêl-droed America

езда на велосипеде
beicio

теннис
tennis

баскетбол
pêl-fasged

плавание
nofio

бокс
bocsio

хоккей
hoci iâ

футбол

pêl-droed

бадминтон

badminton

лёгкая атлетика

athletau

гандбол

pêl-law

лыжный спорт

sgïo

поло

polo

действия
gweithgareddau

смеяться
chwerthin
прыгать
neidio
обнимать
cofleidio
идти
cerdded
петь
canu
мечтать
breuddwydio
молиться
gweddïo
целовать
cusanu

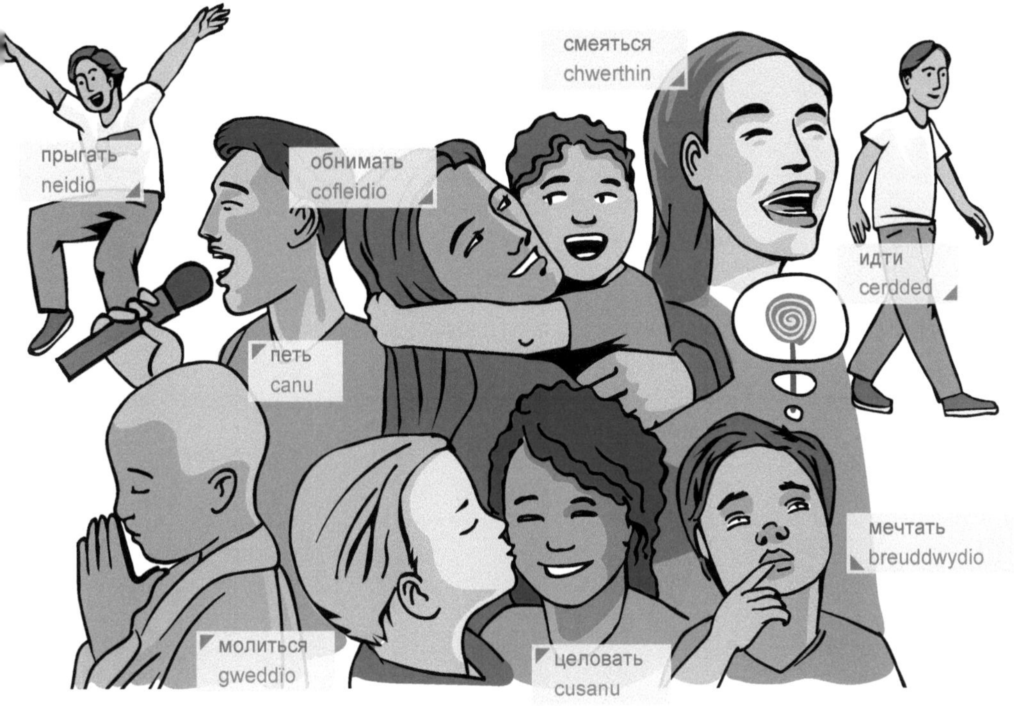

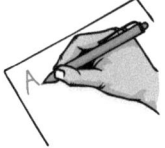

писать

ysgrifennu

рисовать

tynnu

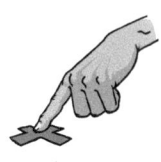

показывать

dangos

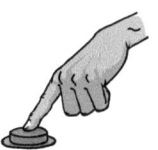

нажимать

gwthio

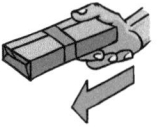

давать

rhoi

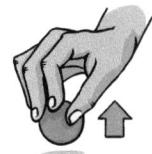

брать

cymryd

иметь

bod gan

делать

gwneud

быть

bod

стоять

sefyll

бежать

rhedeg

тянуть

tynnu

бросать

taflu

падать

disgyn

лежать

gorwedd

ждать

aros

носить

cario

сидеть

eistedd

надевать

gwisgo amdanoch

спать

cysgu

просыпаться

deffro

рассматривать

edrych ar

плакать

crïo

гладить

anwesu

причесывать

cribo

говорить

siarad

понимать

deall

спрашивать

gofyn

слушать

gwrando

пить

yfed

кушать

bwyta

наводить порядок

tacluso

любить

caru

готовить

coginio

ехать

gyrru

летать

hedfan

ходить под парусом

hwylio

считать

cyfrifo

читать

darllen

учиться

dysgu

работать

gweithio

вступать в брак

priodi

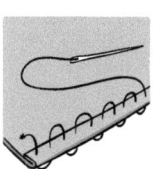

шить

gwnïo

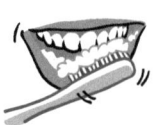

чистить зубы

brwsio dannedd

убивать

lladd

курить

ysmygu

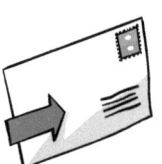

отправлять

anfon

семья
teulu

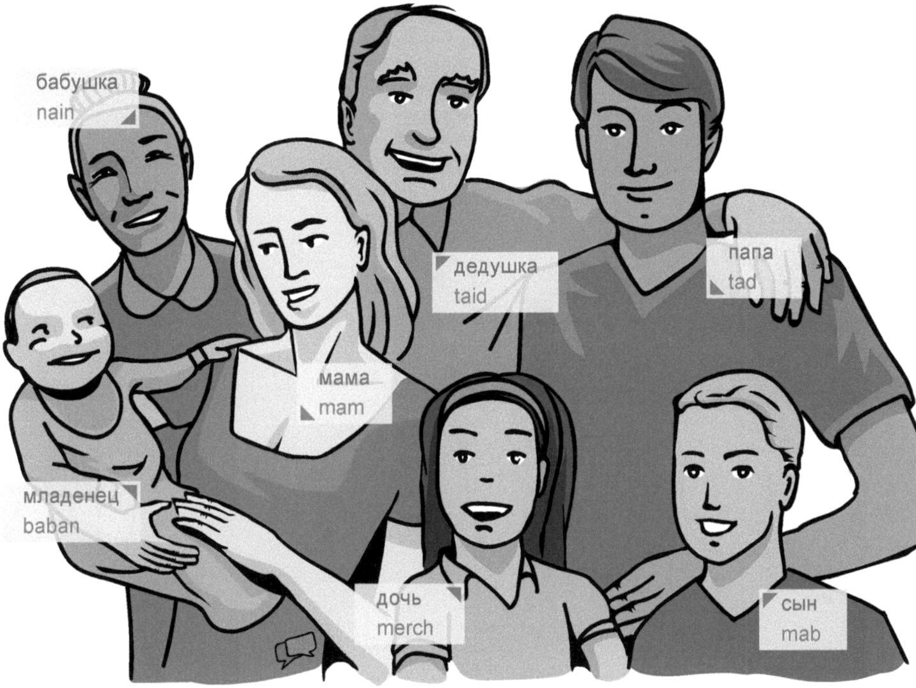
бабушка
nain
дедушка
taid
папа
tad
мама
mam
младенец
baban
дочь
merch
сын
mab

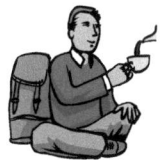

гость

gwestai

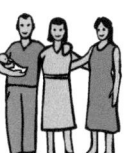

тетя

modryb

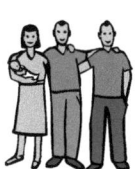

дядя

ewythr

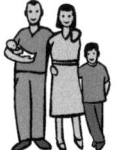

брат

brawd

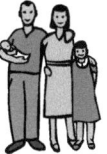

сестра

chwaer

тело

corff

лоб
talcen
глаз
llygad
плечо
ysgwydd
палец
bys
лицо
wyneb
подбородок
gên
кисть
llaw
нога
coes
грудь
bron
рука
braich

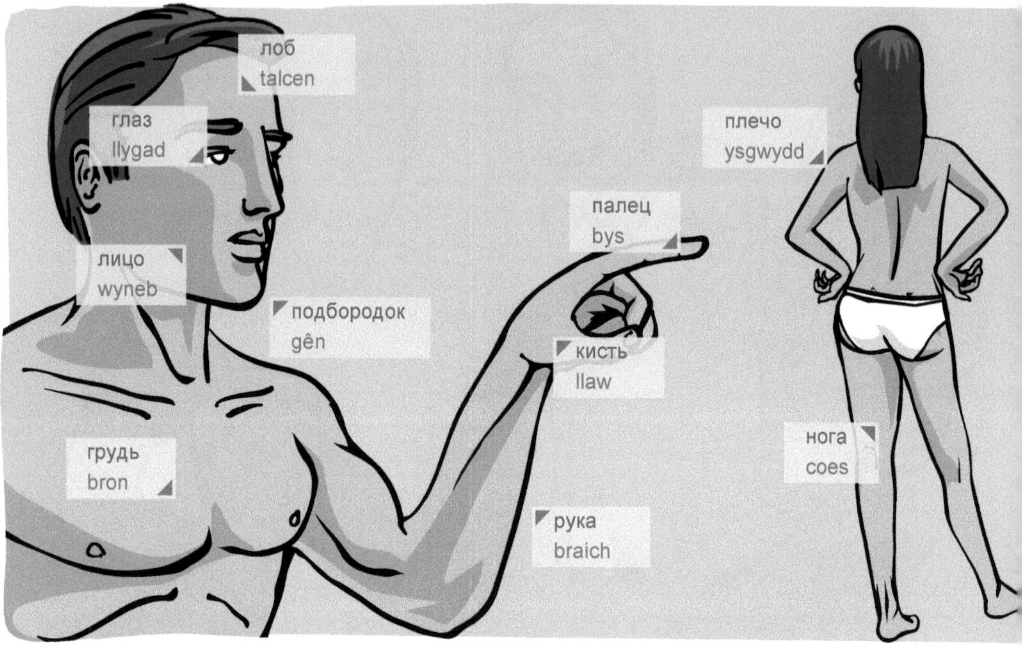

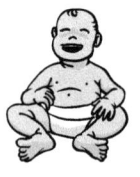

младенец

baban

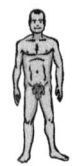

мужчина

dyn

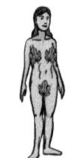

женщина

gwraig

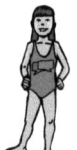

девочка

geneth

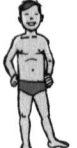

мальчик

bachgen

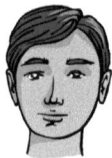

голова

pen

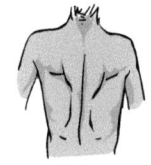

спина

cefn

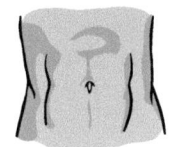

живот

bel

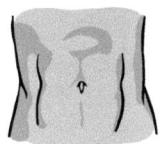

пупок

bogail

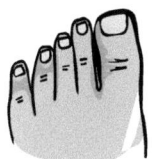

палец ноги

bys troed

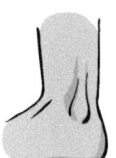

пятка

sawdl

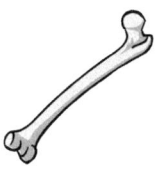

кость

asgwrn

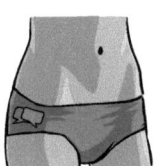

бедро

clun

колено

pen-glin

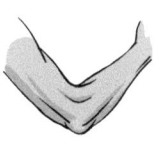

локоть

penelin

нос

trwyn

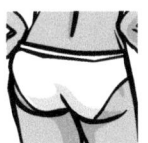

ягодицы

pen ôl

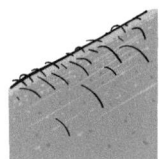

кожа

croen

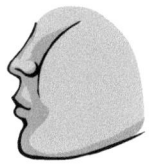

щека

boch

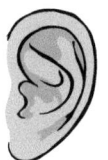

ухо

clust

губа

gwefus

тело - corff

рот

ceg

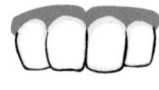

зуб

dant

язык

tafod

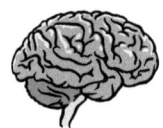

мозг

ymennydd

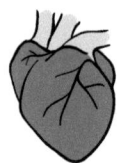

сердце

calon

мышца

cyhyr

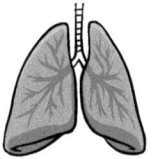

лёгкое

ysgyfaint

печень

iau

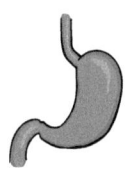

желудок

stumog

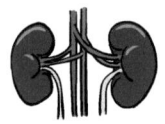

почки

arennau

половой акт

rhyw

презерватив

condom

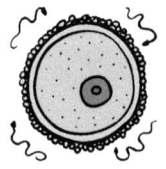

яйцеклетка

ofwm

сперма

semen

беременность

beichiogrwydd

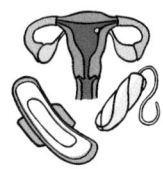

менструация
....
mislif

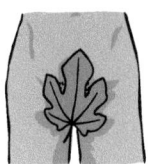

вагина
....
fagina

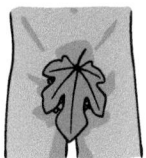

пенис
....
pidyn

бровь
....
ael

волосы
....
gwallt

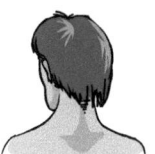

шея
....
gwddf

больница
ysbyty

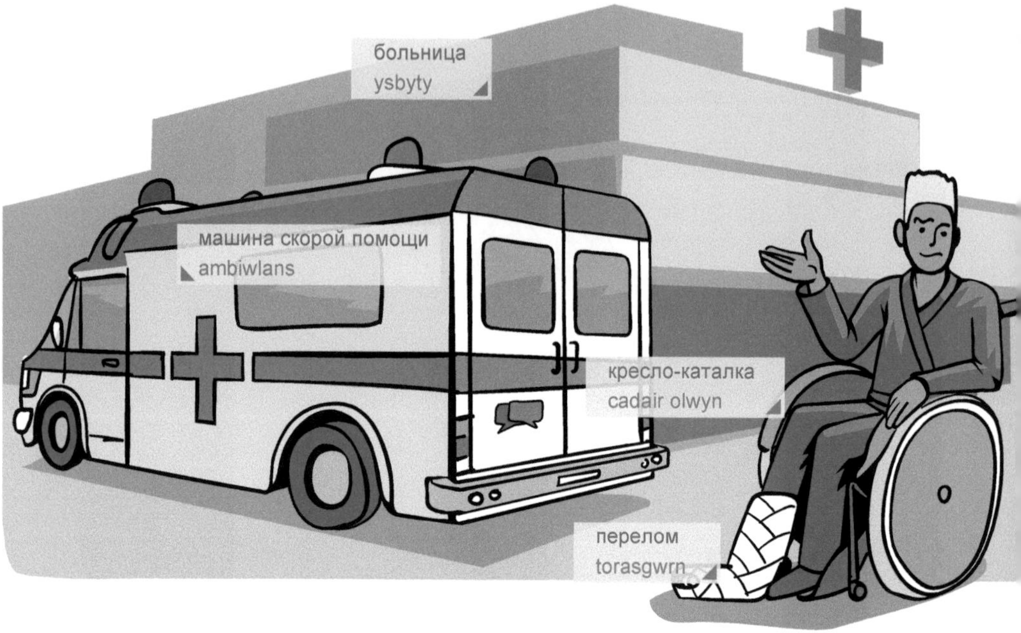

больница
ysbyty
машина скорой помощи
ambiwlans
кресло-каталка
cadair olwyn
перелом
torasgwrn

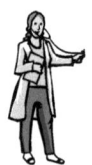

врач

meddyg

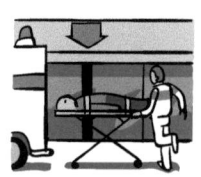

пункт первой помощи

ystafell argyfwng

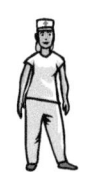

медсестра

nyrs

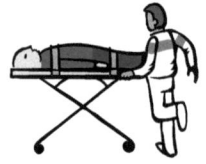

неотложный случай

argyfwng

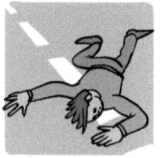

без сознания

anymwybodol

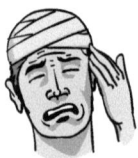

боль

poen

повреждение

anaf

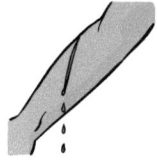

кровотечение

gwaedu

инфаркт

trawiad ar y galon

инсульт

strôc

аллергия

alergedd

кашель

peswch

повышенная температура

twymyn

грипп

ffliw

понос

dolur rhydd

головная боль

cur pen

рак

canser

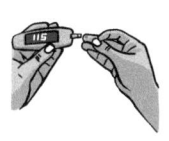

диабет

diabetes

хирург

llawfeddyg

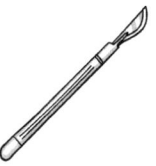

скальпель

fflaim

операция

gweithrediad

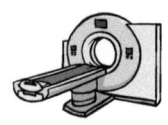

КТ

CT

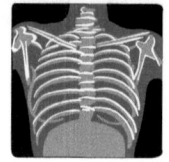

рентген

pelydr-x

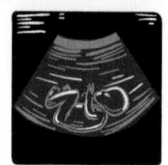

ультразвук

uwchsain

маска

mwgwd wyneb

болезнь

clefyd

приёмная

ystafell aros

костыль

bagl

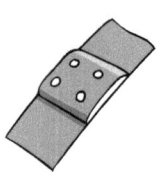

пластырь

plastr

бинт

rhwymyn

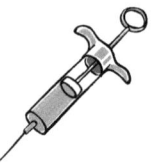

укол

pigiad

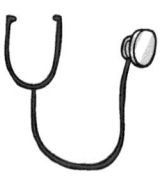

стетоскоп

stethosgop

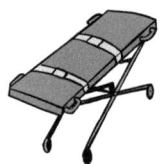

носилки

elorwely

термометр

thermomedr clinigol

рождение

genedigaeth

избыточный вес

dros bwysau

слуховой аппарат

cymorth clyw

дезинфекционное средство

diheintydd

инфекция

haint

вирус

firws

ВИЧ / СПИД

HIV / AIDS

лекарство

meddygaeth

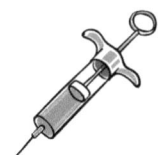

прививка

brechiad

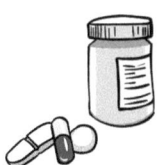

таблетки

tabledi

противозачаточная таблетка

y bilsen

экстренный вызов

galwad frys

прибор для измерения кровяного давления

monitor pwysau gwaed

больной / здоровый

yn sâl / yn iach

Помогите!

Help!

нападение

ymosodiad

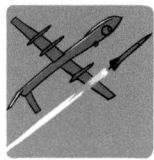

атака

ymosodiad

опасность

perygl

запасной выход

allanfa argyfwng

Пожар!

Tân!

несчастный случай

damwain

сигнал тревоги

larwm

огнетушитель

diffoddwr tân

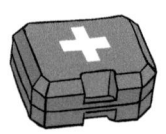

аптечка

pecyn cymorth cyntaf

SOS

SOS

милиция

heddlu

Европа

Ewrop

Северная Америка

Gogledd America

Южная Америка

De America

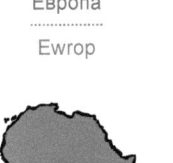

Африка

Affrica

Азия

Asia

Австралия

Awstralia

Атлантический океан

Iwerydd

Тихий океан

y Môr Tawel

Индийский океан

Cefnfor yr India

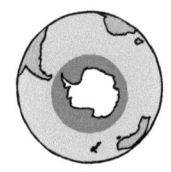

Антарктический океан

Cefnfor yr Antarctig

Северный Ледовитый океан

Cefnfor yr Arctig

Северный полюс

Pegwn y Gogledd

Южный полюс

Pegwn y De

Антарктика

Antarctica

земля

y Ddaear

суша

tir

море

môr

остров

ynys

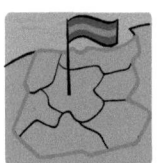

нация

cenedl

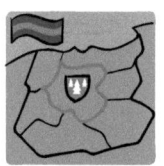

государство

gwladwriaeth

циферблат

wyneb cloc

часовая стрелка

bys awr

минутная стрелка

bys munud

секундная стрелка

bys eiliad

Который час?

Faint o'r gloch yw hi?

день

dydd

время

amser

сейчас

yn awr

электронные часы

cloc digidol

минута

munud

час

awr

неделя
wythnos

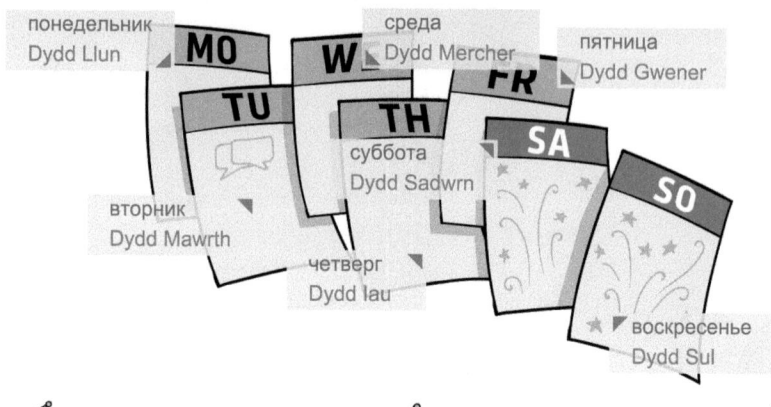

понедельник
Dydd Llun

среда
Dydd Mercher

пятница
Dydd Gwener

вторник
Dydd Mawrth

четверг
Dydd Iau

суббота
Dydd Sadwrn

воскресенье
Dydd Sul

вчера
ddoe

сегодня
heddiw

завтра
yfory

утро
bore

полдень
canol dydd

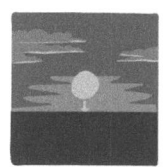

вечер
noswaith

MO	TU	WE	TH	FR	SA	SU
1	2	3	4	5	6	7
8	9	10	11	12	13	14
15	16	17	18	19	20	21
22	23	24	25	26	27	28
29	30	31	1	2	3	4

рабочие дни
diwrnodiau busnes

MO	TU	WE	TH	FR	SA	SU
1	2	3	4	5	6	7
8	9	10	11	12	13	14
15	16	17	18	19	20	21
22	23	24	25	26	27	28
29	30	31	1	2	3	4

выходные
penwythnos

год

blwyddyn

дождь
glaw
радуга
enfys
ветер
gwynt
снег
eira
весна
gwanwyn
лето
haf
осень
hydref
зима
gaeaf

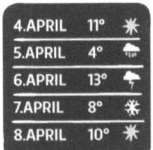

4.APRIL 11°
5.APRIL 4°
6.APRIL 13°
7.APRIL 8°
8.APRIL 10°

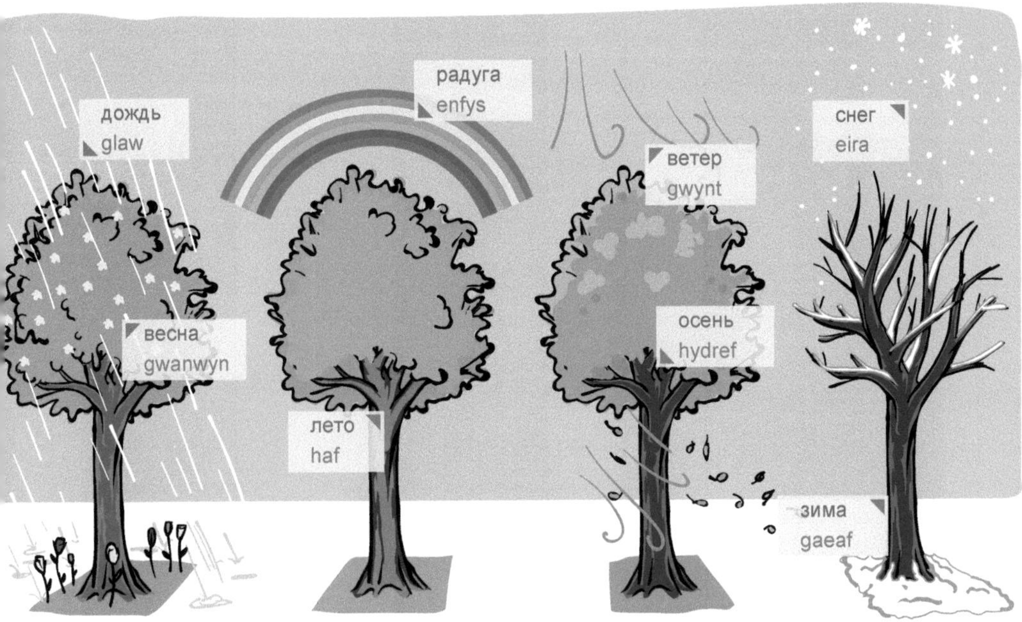

прогноз погоды

rhagolygon y tywydd

F
C
120
90
60
30
0
-30
40
30
20
10
0
-10
-20

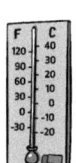

термометр

thermomedr

солнечный свет

heulwen

туча

cwmwl

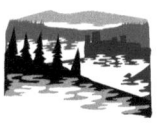

туман

niwl tew

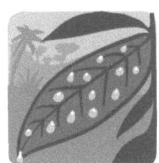

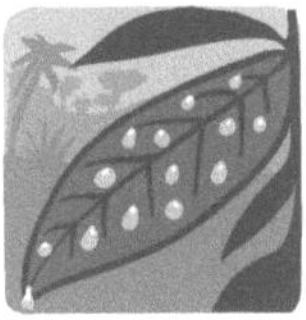

влажность воздуха

lleithder

молния

mellt

гром

taranau

буря

storm

град

cenllysg

муссон

monsŵn

наводнение

llif

лёд

iâ

январь

Ionawr

февраль

Chwefror

март

Mawrth

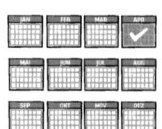

апрель

Ebrill

май

Mai

июнь

Mehefin

июль

Gorffennaf

август

Awst

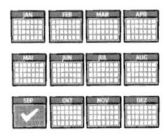

сентябрь

Medi

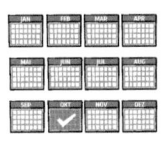

октябрь

Hydref

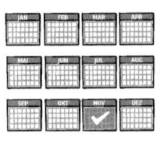

ноябрь

Tachwedd

декабрь

Rhagfyr

формы
siapiau

круг

cylch

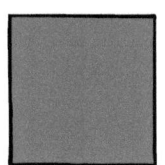

квадрат

sgwâr

прямоугольник

petryal

треугольник

triongl

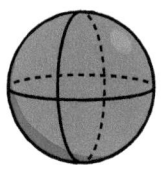

шар

sffêr

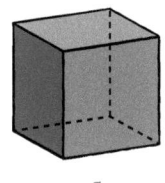

куб

ciwb

белый

gwyn

желтый

melyn

оранжевый

oren

розовый

pinc

красный

coch

лиловый

porffor

синий

glas

зелёный

gwyrdd

коричневый

brown

серый

llwyd

черный

du

много / мало

llawer / ychydig

яростный / мирный

dig / tawel

красивый / уродливый

hardd / hyll

начало / конец

dechrau / diwedd

большой / маленький

mawr / bach

светлый / темный

llachar / tywyll

брат / сестра

brawd / chwaer

чистый / грязный

glân / budr

полный / неполный

gyflawn / anghyflawn

день / ночь

dydd / nos

мёртвый / живой

farw / yn fyw

широкий / узкий

eang / cul

съедобный / несъедобный

bwytadwy / anfwytadwy

злой / дружелюбный

drwg / caredig

взволнованный / скучающий

llawn cyffro / diflasu

толстый / худой

tew / tenau

сначала / в конце

cyntaf / olaf

друг / враг

cyfaill / gelyn

полный / пустой

llawn / gwag

твёрдый / мягкий

caled / meddal

тяжёлый / легкий

trwm / ysgafn

голод / жажда

wedi newynnu / yn sychedig

больной / здоровый

yn sâl / yn iach

незаконный / законный

anghyfreithlon / cyfreithiol

умный / глупый

deallus / twp

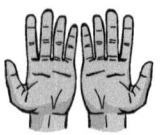

слева / справа

chwith / dde

близко / далеко

agos / pell

новый / подержанный

newydd / wedi'i ddefnyddio

ничто / нечто

dim / rhywbeth

старый / молодой

hen / ifanc

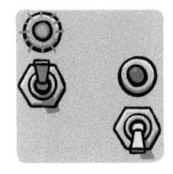

включено / выключено

ymlaen / i ffwrdd

открыто / закрыто

ar agor / ar gau

тихо / громко

tawel / uchel

богатый / бедный

cyfoethog / tlawd

правильный /
неправильный
cywir / anghywir

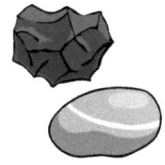

шероховатый / гладкий

garw / llyfn

печальный / счастливый

trist / hapus

короткий / длинный

byr / hir

медленный / быстрый

araf / cyflym

мокрый / сухой

gwlyb / sych

тёплый / прохладный

cynnes / claear

война / мир

rhyfel / heddwch

0

ноль

sero

1

один

un

2

два

dau

3

три

tri

4

четыре

pedwar

5

пять

pump

6

шесть

chwech

7

семь

saith

8

восемь

wyth

9

девять

naw

10

десять

deg

11

одиннадцать

un deg un

12
двенадцать

un deg dau

13
тринадцать

un deg tri

14
четырнадцать

un deg pedwar

15
пятнадцать

un deg pump

16
шестнадцать

un deg chwech

17
семнадцать

un deg saith

18
восемнадцать

un deg wyth

19
девятнадцать

un deg naw

20
двадцать

dau ddeg

100
сто

cant

1.000
тысяча

mil

1.000.000
миллион

miliwn

английский

Saesneg

американский английский

Saesneg America

мандаринский китайский

Tsieinëeg Mandarin

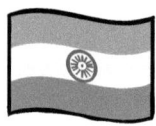

хинди

Hindi

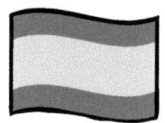

испанский

Sbaeneg

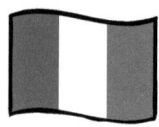

французский

Ffrangeg

арабский

Arabeg

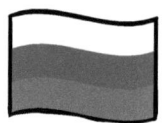

русский

Rwseg

португальский

Portiwgaleg

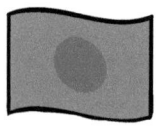

бенгальский

Bengali

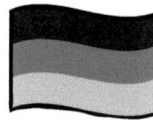

немецкий

Almaeneg

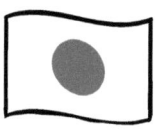

японский

Siapanaeg

я

fi

ты

ti

он / она / оно

ef / hi

мы

ni

вы

chi

они

nhw

кто?

pwy?

что?

beth?

как?

sut?

где?

ble?

когда?

pryd?

имя

enw

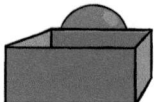

за

y tu ôl i

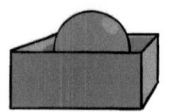

в

yn / yng / ym / mewn

перед

o flaen

над

dros

на

ar

под

dan

рядом

wrth ochr

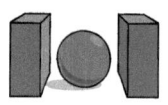

между

rhwng

место

lle